10 STRATÉGIES GAGNANTES POUR DEVENIR UN ENTREPRENEUR À SUCCÈS

Octobre 2022

A ces personnes qui, ont cru que le chemin de l'entrepreneuriat était leur voie mais qui n'arrivent pas en percer le mystère pour tirer leur épingle du jeu.

A ces jeunes et moins jeunes, ces mompreneurs ou encore entrepreneurs passionnés, qui comme moi, sont passés par la case "rameur" et qui aimeraient voir leur entreprise enfin sortir du lot.

A ces passionnés de l'aventure entrepreneuriale qui recherchent le chemin du bonheur et de la réussite par la création d'entreprise....

Avant-Propos

Nous sommes à l'ère d'internet et je ne le redirais jamais assez: le salariat n'est pas LE modèle qui mène à la richesse. IL VOUS FAUT ENTREPRENDRE.

Beaucoup de personnes se lancent aujourd'hui dans l'entrepreneuriat sans trop savoir quoi faire. Beaucoup essayent et s'arrêtent en cours de route. Selon le site talkingofmoney.com, "chaque mois, plus d'un demi-million de nouvelles entreprises sont créées". Cela semble beaucoup, mais gardez à l'esprit que 30% de ces entreprises vont disparaître dans les deux ans. La moitié d'entre elles ferment définitivement leurs portes avant de toucher cinq ans.
En fait, seulement 25% peuvent résister à l'épreuve du temps pendant 15 ans ou plus.". Pourquoi selon vous ? L'une des réponses à cette question m'a poussée à rédiger ce livre. Dans ce livre, vous aurez les conseils d'une personne qui a essayé, qui a échoué et qui a fini par y arriver. Tous les efforts ont été mis en œuvre pour rendre ce livre aussi complet et précis que possible. Ce livre se veut être un guide pour vous accompagner à devenir un entrepreneur à succès à travers 10 stratégies testées et prouvées. Pourquoi 10 stratégies ? Pour que vous ayez assez de raisons de ne pas échouer. Vous pourrez choisir la ou les stratégies qui vous sont adaptées et qui vous mèneront vers le succès de votre entreprise. Je vous le garantis : vous allez réussir !
Croyez en vous et mettez en pratique ces stratégies. Je suis convaincue qu'à la fin de la lecture de ce livre et à la mise en pratique des stratégies qui vous y sont données, vous

allez faire un bon radical dans votre aventure entrepreneuriale et vous serez devenu une source d'inspiration pour d'autres entrepreneurs autour de vous.

Ce livre veut vraiment vous booster à vous lancer et réussir. C'est pourquoi vous retrouverez dans chaque stratégie, un axe de travail afin de vous amener à faire le premier pas dans la mise en place de chaque stratégie décrite.

Êtes-vous prêt à débuter l'expérience ? C'est parti !

Bonne lecture et bon passage à l'action !

Table des matières

Introduction

L'expérience montre que le véritable succès ne réside pas dans le salariat, mais dans l'entrepreneuriat. Et oui, de nombreux entrepreneurs ont prouvé qu'il est plus rentable de faire des affaires que d'être salarié dans une entreprise. Un bon exemple est celui du célèbre milliardaire et homme d'affaires Bill Gates, à la tête de l'empire Microsoft. Cet homme n'a même pas obtenu de diplôme universitaire, mais il a connu un grand succès dans le domaine de l'entrepreneuriat. Très peu de gens réussissent en se focalisant uniquement dans le domaine du salariat. L'entrepreneuriat est pour moi la voie par excellence pour se créer et développer sa richesse. C'est d'ailleurs la raison pour laquelle de nombreuses personnes souhaitent se lancer dans cette aventure riche en émotions, en rebondissements et en apprentissage.

Le problème est souvent le même : très peu de personnes qui se lancent dans l'aventure entrepreneuriale prennent le temps de consolider leurs connaissances et d'acquérir les compétences nécessaires qui les mèneront vers la réussite de leur entreprise. Par conséquent, de nombreuses personnes se lancent dans le monde des affaires sans vraiment avoir ou mettre en pratique les moyens qui leur permettraient de réussir. Ces entrepreneurs sont malheureusement ainsi voués à l'échec. J'en faisais partie il y a quelques années. Jusqu'à ce que je commence à me former, à tester différentes méthodes et à garder les stratégies gagnantes que je vais vous partager ici.

Vous vous posez certainement la question : que va-t-elle nous raconter que nous n'avons jamais écouté? Que faire ? Vous inscrire à une formation à 20 000 euros et apprendre les secrets de l'entrepreneuriat ? C'est certainement un bon choix à faire. Mais ce n'est peut-être pas nécessaire d'arriver à dépenser jusqu'à 20 000 euros. Des personnes l'ont déjà fait pour vous et vous pourrez bénéficier de leur expérience en apprenant auprès d'elles. C'est ce que vous êtes en train de faire en lisant ce livre. Vous pouvez apprendre sans avoir à claquer 20 000 euros. Je tiens quand-même à nuancer qu'il est important de se former et peu importe ce que cela vous coûte. Toutefois ces formations doivent vous être rentables en passant à l'action. Sinon vous passerez de frustrations en frustrations sans réussir quelque entreprise que ce soit.

L'auto-apprentissage, la recherche et l'expérience sont autant d'éléments qui vous donneront un avantage dans l'entrepreneuriat. Et pour vous aider à démarrer et à réussir, je vais vous donner dans ce livre, certains des conseils les plus utiles en matière d'entrepreneuriat. Je ne prétends pas avoir toutes les clés du succès, car je ne connais qu'en partie. Mais je suis sûre d'une chose : ces conseils, quand ils sont bien appliqués, fonctionnent et vous propulsent dans le monde des affaires.

Ce livre vous prodigue des conseils uniques qui vous aideront à réussir dans le monde des affaires. Il est écrit simplement afin d'être compris même par les personnes qui débutent et qui ne maîtrisent pas le jargon entrepreneurial. Vous prendrez plaisir à appliquer ces conseils afin de développer l'entrepreneur à succès qui sommeille en vous. Attachez vos ceintures, on se lance !

Stratégie 1

Soyez résilient : adoptez et gardez le bon état d'esprit

Pour réussir dans les affaires, il est essentiel d'avoir un état d'esprit et des perspectives positifs. C'est l'optimisme qui permet aux entrepreneurs et pas que, d'aller de l'avant. Toutefois, l'optimisme sans prudence comporte des dangers. En effet, il peut faire oublier les risques et les pièges potentiels. Faites attention à ne pas devenir une personne qui ne regarde qu'aux côtés positifs sans réaliser les vrais enjeux derrière le projet qu'elle va lancer. C'est ce que vous devez éviter. Ainsi, tout en abordant votre projet avec un état d'esprit optimiste, vous devez également prendre le temps d'étudier les risques que porte votre projet et faire preuve de prudence afin de pouvoir y faire face: c'est ce qu'on appelle la résilience.

La résilience est définie en psychologie comme la faculté à « rebondir », à vaincre des situations traumatiques. La résilience est la capacité pour un individu à faire face à une situation difficile ou génératrice de stress. Selon Boris Cyrulnik, c'est "l'art de naviguer entre les torrents". L'aventure entrepreneuriale n'est pas un fleuve tranquille, une eau de source qui coule sans s'arrêter. Elle mérite donc que vous preniez au sérieux les enjeux liés à votre projet afin que vous prévoyiez les moyens efficaces qui vous permettraient de rebondir en cas de problème.

Les gens vous diront que la pensée négative ne vous mènera nulle part. Eh oui, le pessimisme engendre la peur et cette peur peut vous empêcher de prendre les mesures nécessaires pour réussir. Cependant, il est utile de faire preuve de prudence. Les entrepreneurs utilisent la notion de "pessimisme sain". Un pessimisme sain signifie que vous êtes suffisamment pessimiste pour reconnaître les pièges et les risques liés à votre entreprise. Toutefois, vous ne devez pas être assez pessimiste pour laisser ces constatations vous arrêter. Au contraire, elles doivent vous pousser à trouver des solutions qui vous mèneront encore plus haut. Il est donc important d'être prudent, d'identifier les risques afin de pouvoir les contrôler.

Comment identifier les risques avant même de se lancer ?

L'un des moyens pour le faire c'est de recenser les problèmes auxquels les entreprises qui évoluent dans le même domaine que vous sont souvent confrontées. Aussi unique que soit votre idée d'entreprise, il est fort probable qu'un autre entrepreneur, dans un autre endroit, ait déjà tenté la même aventure. Vous pouvez observer les difficultés qu'il a rencontrées. Vous pouvez également jeter un coup d'œil à vos futurs concurrents. Observez les problèmes qu'ils rencontrent et comment ils s'en sortent. Cela vous donnera une idée de la manière avec laquelle vous surmonterez les risques, les pièges, les difficultés et les épreuves liés à votre projet d'entreprise.

Par ailleurs, réfléchissez aux raisons possibles de l'échec de votre entreprise. Non ce n'est être pessimiste mais être prévoyant, résilient et réaliste. Cela nécessite une imagination débridée mais réaliste. Réfléchissez aux potentiels événements, circonstances et raisons qui pourraient faire souffrir ou échouer votre entreprise. Si vous ouvrez une société de transport maritime, par exemple, les possibilités sont les suivantes : les fluctuations du prix de l'essence, la fréquence des calamités naturelles dans la région qui pourraient affecter les expéditions, la rareté des chauffeurs de camion de livraison compétents, la malhonnêteté des employés et d'autres raisons similaires.

Une fois que vous avez identifié les risques auxquels vous pourriez faire face, il est important de formuler des solutions ou mesures préventives aux risques éventuels. L'énumération des difficultés auxquelles vous pourriez être confronté n'est que la première étape. En effet, vous devez ensuite réfléchir aux moyens de les contrer si elles se produisaient. Vous devez être prêt à faire face à toutes les situations possibles. Cela fait partie de ce que l'on appelle la "gestion des risques", à laquelle de nombreuses entreprises à succès consacrent beaucoup d'efforts. Vous pouvez à ce sujet, trouver un conseiller d'entreprise. Ce n'est pas forcément nécessaire dans tous les cas. Les petites entreprises, par exemple, n'en ont peut-être pas besoin. Mais si vous vous lancez dans un projet de grande envergure (investissement/prêt, immobilier, commerce extérieur, etc.) et c'est ce que je vous souhaite, vous aurez besoin d'un conseiller en gestion de risques ou même d'un gestionnaire de risques afin de vous aider dans ce domaine. Cela est particulièrement nécessaire si vous n'êtes pas très familier avec certains aspects du domaine d'activité que vous avez choisi. Soyez prêt à avoir plusieurs conseillers si nécessaire. Dans certains cas, il sera utile d'avoir l'avis de plusieurs personnes.

Si vous sous-estimez les risques, ils pourraient vous surprendre et frapper la structure de votre entreprise au moment où vous vous y attendez le moins et où vous êtes le moins prêt. Croyez-le ou non, cela peut entraîner l'échec total d'une entreprise.

Axe de travail

Faites un tableau qui énumère les risques que vous pourriez encourir, les solutions ou mesures préventives que vous pourriez apporter, ainsi que les personnes qui pourraient vous conseiller, à l'image du tableau ci-dessous.

Risques	Mesures de prévention	Solutions	Conseillers en gestion de risque
Inflation	Prévoir des marges qui prennent en compte un % d'inflation		Un économiste de votre entourage
Risque 2	.....	......	.....

Stratégie 2

Soyez un peu plus motivé chaque jour qui passe

Vision, mission et objectif

Il est bon d'avoir les idées et de voir aux opportunités. Toutefois, si ces éléments sont présents, rien ne se concrétisera si vous ne passez pas à l'action. Et pour agir, il faut que vous ayez la motivation nécessaire.

La source de motivation peut être différente d'un entrepreneur à l'autre. Trouvez votre propre source de motivation pour réussir. Votre source de motivation doit être quelque chose de solide que vous voulez atteindre quoi qu'il arrive. Réfléchissez à ceci. Voulez-vous offrir une vie meilleure à votre famille ? Voulez-vous être reconnu dans un certain domaine ou une certaine activité ? Voulez-vous faire revivre un ancien marché qui vous tient à cœur ? Tous ces éléments peuvent constituer une source de motivation.

Pour rester motivé, il vous faut avoir une vision, une mission, un objectif. Votre entreprise doit être fondée autour d'une vision, d'une mission et d'un objectif.

Vous pouvez généralement voir la vision, la mission et l'objectif de grandes entreprises, affichés dans les couloirs de leurs bâtiments ou sur la page principale de leurs sites web. La vision, la mission et l'objectif sont généralement joliment encadrés, ce qui montre à quel point ils sont appréciés.

La vision décrit les idéaux de l'entreprise. La mission décrit la contribution souhaitée de l'entreprise à la société, à ses employés et aux autres. L'objectif décrit l'auto-croissance souhaitée de l'entreprise dans le futur.

Le fait de disposer d'une vision, d'une mission et d'un objectif à respecter et à retenir aidera votre entreprise à rester sur la bonne voie et persévérer quand vous aurez toutes les raisons légitimes d'abandonner. En effet, certaines personnes peuvent ne pas croire en votre projet. Mais ce qui est important, c'est que vous y croyez et que vous mettez les moyens en œuvre pour y arriver. Si vous n'êtes pas convaincu de ce que vous voulez accomplir, il est fort probable que vous n'y parviendrez pas. C'est pourquoi il est important que vous vous lanciez dans un projet auquel vous croyez ou dans lequel vous avez foi.

Si vous proposez un produit par exemple, croyez-vous en sa qualité, en ce qu'il peut faire, en ce qu'il peut apporter à vos clients ? Si vous croyez en ce que vous offrez, vous serez plus motivé et plus enclin à le vendre. Et vos clients le ressentiront, car cela émanera de vous. Cela les attirera.

Axe de travail

Prenez un temps et fixez votre vision, votre mission et votre objectif à travers le projet que vous réalisez ou que vous avez prévu réaliser. Écrivez-les, imprimez-les et collez-les à un endroit que vous fréquentez souvent afin de les lire couramment et de toujours les avoir en tête.

Passion + qualifications = plus de motivation

La motivation est plus facile à trouver si vous travaillez dans votre domaine d'intérêt. Ainsi, pour trouver une idée d'entreprise, il est bon de commencer par considérer les choses qui vous intéressent personnellement. Par exemple, il est plus probable qu'un cabinet d'expertise comptable soit géré de manière plus optimale si son propriétaire et ses gérants s'intéressent personnellement à la finance et à la gestion d'entreprise. De même, un magasin de jeux vidéo a plus de chances de réussir si son propriétaire et ses gérants ont une passion pour les jeux vidéo.

Bien que l'intérêt et la passion soient primordiaux pour développer une entreprise à succès, ils ne doivent pas être votre seule base. Vous devez également vous demander si vous avez les qualifications nécessaires pour évoluer dans votre projet. Si vous envisagez d'ouvrir un magasin de jeux vidéo, par exemple, vous pouvez vous demander : est-ce que je m'y connais suffisamment en jeux vidéo ? Ai-je une connaissance approfondie des différentes consoles et de leur fonctionnement ? Bien sûr, vous pouvez toujours déléguer ce travail en embauchant des personnes qui s'y connaissent mieux. Mais il est préférable que vous ayez aussi un certain savoir-faire et des savoirs.

Par ailleurs, pour vous faciliter la tâche, vous devez entreprendre dans un domaine où les ressources sont disponibles. En effet, votre motivation sera aussi impactée par la disponibilité des ressources. Les ressources peuvent être des fournisseurs, des prestataires de services, des services publics, les banques, etc. Si vous envisagez d'ouvrir un magasin de vêtements de luxe par exemple, vous pouvez vous demander si vous avez facilement accès aux fournisseurs de vêtements et si vous pouvez facilement accéder aux financements pour engager certaines dépenses. En effet, ce sera démotivant pour votre entreprise de toujours tomber sur des fournisseurs qui ne vous fournissent pas des articles de qualité, ou qui ne vous permettent pas de vous développer pour des raisons financières. Quand cela se produit, cela vous démotive parfois car vous ne parvenez pas à avoir la marchandise nécessaire pour faire tourner votre entreprise.

De même, travaillez dans un domaine où les talents sont disponibles. Vous vous lancez peut-être seul aujourd'hui, mais pensez à plus tard. Vous n'êtes pas ou vous ne resterez pas la seule personne à être impliquée dans votre projet. Vous allez certainement engager des employés qui vous aideront. Il vous faudra donc trouver des personnes ayant des talents et une expertise uniques afin de bien développer votre entreprise. Vos collaborateurs sont importants pour vous garder motivé et vous devez à votre tour être une source de motivation pour eux. Si vous ouvrez un salon de coiffure par exemple, vous aurez besoin de personnes ayant les compétences suivantes : coupe de cheveux, coiffure, maquillage, manucure, pédicure, et autres. Vous devez donc vous demander : ai-je accès à de telles personnes ? Où puis-je trouver de telles personnes ? Sont-elles facilement accessibles là où je vais installer mon entreprise ?

Lancez-vous dans un domaine où la main d'œuvre est en recherche et offrez un service de qualité à vos clients mais aussi à vos collaborateurs afin de développer leur motivation et la vôtre par ricochet. Nous reviendrons à ce point un peu plus bas dans la stratégie 8.

Stratégie 3

Devenez un chasseur d'opportunités

Les opportunités sont un canal de différenciation entre les entrepreneurs qui réussissent et ceux qui tournent en rond. Les entrepreneurs à succès ne sont pas des personnes à la science infuse. Ils ont saisi les bonnes opportunités qui leur ont permis de se démarquer. Je vous vois déjà venir avec la question : comment trouver les bonnes opportunités ? Parfois, les opportunités ne se présentent pas d'elles-mêmes. Dans certains cas, il faut aller les chercher. C'est pour cela que vous devez faire une étude de marché pointilleuse pour chaque idée de projet qui naît dans votre cœur.

Étape 1 : Sondez les gens et dénichez des opportunités

Je vais vous donner une méthode simple pour réaliser une étude de marché simple et efficace. Vous pouvez premièrement réaliser une enquête. Vous voulez savoir quels services/produits vos potentiels clients sont prêts à utiliser ou acheter ? Eh bien, pourquoi ne pas le leur demander directement ? C'est le pouvoir de l'enquête et des sondages. Ce que vous pouvez faire, c'est créer une enquête en ligne et demander aux personnes que vous visez d'y répondre, moyennant remerciements ou cadeaux. Vous pourrez la réaliser sur vos réseaux sociaux, en envoyant directement le lien aux personnes que vous visez, en le partageant dans des groupes ou en le postant directement sur votre fil d'actualité. Facebook, par exemple, est un excellent moyen pour organiser des sondages et des enquêtes sous forme de questionnaires.

Une fois cette enquête réalisée, vous pouvez vous servir de ces réponses afin d'effectuer des recherches sur les produits et services qui font l'objet d'une demande. En

effet, ce sont ceux qui se vendront à coup sûr.
La demande fait référence aux besoins des gens. Par exemple, les produits alimentaires et les boissons froides peuvent être demandés dans les endroits chauds, surtout pendant les mois à fort potentiel calorifique. De même, les vêtements de marque peuvent être demandés dans les endroits habités par des personnes riches et sensibles à la mode. Par ailleurs, les fournitures scolaires sont très demandées lors de la rentrée des classes.

Cibler la demande est une bonne chose. Il faudrait ensuite jouer sur le fait que l'offre ne soit pas disponible pour répondre à cet excès de demande. Vous devez cibler un marché où les clients ont une forte demande et où l'offre ne répond pas ou répond très peu à cette forte demande afin d'être cette entreprise qui y répondra convenablement. Il vous faut tirer profit des marchés inexploités ou répondre d'une manière inexploitée à un marché à forte demande bien que déjà exploité. C'est une opportunité dont vous devez savoir tirer profit. Ainsi, les opportunités peuvent être différentes et nombreuses, en fonction des segments auxquels vous vous attaquez, chaque segment étant différent et ayant des caractéristiques différentes (culture, degré de richesses, attentes, besoins, etc.). Tenir compte des caractéristiques de vos prospects vous permettra de saisir des opportunités par rapport à l'offre que vous allez proposer. Vous devez donc étudier votre clientèle potentielle afin de connaître leurs besoins et d'y répondre selon leur pouvoir d'achat.
Par exemple, il existe des pays où il est habituel, même pour les personnes aisées, de faire les courses dans des magasins qui vendent des produits de seconde main. D'un autre côté, il y a aussi des endroits où les gens sont

strictement soucieux des marques et ne dépensent que pour des produits de marque. Recherchez les marchés où la demande est forte et l'offre faible. Lorsqu'il y a une forte demande mais une faible offre, il y a une opportunité commerciale. Disons par exemple qu'à un endroit, la demande de fournitures scolaires est élevée. Mais en raison de l'éloignement de l'endroit, l'offre est très faible. Si vous parvenez à trouver des moyens d'apporter des fournitures scolaires à cet endroit, cela revient à fournir une offre où l'offre est faible et la demande élevée.

Vous devez saisir les opportunités dès que possible. Pour cela, il est conseillé de le faire tout de suite (après avoir effectué une étude de marché complète). En effet, vous devez éviter que d'autres entrepreneurs saisissent l'opportunité que vous avez vue. Beaucoup d'entrepreneurs échouent car ils tardent trop à saisir les opportunités. Ne soyez pas comme eux. Dénichez une opportunité et testez là sans trop tarder afin de faire partir des premières personnes qui pourraient générer des revenus grâce à cette opportunité.

Axe de travail

Faites un sondage avec 10 questions que vous allez soumettre aux personnes qui vous suivent sur les réseaux sociaux, autour d'une offre que vous pourrez proposer à vos futurs clients. Récupérez ces résultats et servez-vous à bon escient. Vous pourrez utiliser un Google Form pour cela.

Étape 2 Identifiez vos clients/marchés cibles pour établir un plan marketing de qualité

Vous avez saisi les opportunités qui feront de votre projet une entreprise à succès ? Bravo ! La seconde étape consiste à identifier vos clients cibles. Vous devez identifier des groupes sélectionnés par catégorie. Ces catégories comprennent normalement la tranche d'âge, le sexe, l'état civil, etc. Parfois, ces catégories peuvent même inclure des groupes spéciaux tels que le statut professionnel, la nationalité, la santé physique, les statistiques vitales, etc. Si vous vendez des produits amincissants, par exemple, votre groupe cible peut comprendre les personnes en surpoids, les femmes, les personnes âgées de 16 à 30 ans, etc.

Une fois que vous aurez identifié votre groupe cible, il sera plus facile d'élaborer un plan marketing. Pensez simplement à ce que votre groupe cible aime. Pensez aux choses qui attireront leur attention. Si votre groupe cible est composé d'enfants, par exemple, il peut être judicieux d'utiliser des publicités comportant de nombreuses couleurs ludiques. Si votre groupe cible est composé de personnes soucieuses de leur santé, vous pourriez attirer leur attention en commençant votre discours de vente par des sujets relatifs à la santé.

Trouvez ensuite le bon canal de distribution. Vous avez peut-être le meilleur produit, les meilleurs employés et la liste de ressources la plus incroyable. Mais si le canal de distribution (et/ou l'emplacement) de votre entreprise n'est pas le bon, tout peut mal tourner. L'emplacement de l'entreprise est particulièrement important surtout pour les magasins. Il peut s'agir de restaurants ou d'épiceries. Les entreprises de ce type doivent être situées à un endroit stratégique. Il faut donc étudier et trouver cet endroit stratégique. Par exemple en face d'une école, d'une église, ...

Par ailleurs, vous devez comprendre pourquoi vos clients cibles veulent vos produits/services. C'est l'une des questions auxquelles vous devez répondre : Qu'est-ce que vos clients veulent dans votre produit ? Ou qu'y a-t-il dans votre offre de services que vos clients pourraient trouver bénéfique pour eux ? En comprenant cela, vous comprendrez mieux comment atteindre vos clients. Dans le secteur de la téléphonie mobile, par exemple, vous pouvez vous demander : Qu'est-ce que les gens de votre région apprécient dans un téléphone ? Est-ce qu'ils aiment les téléphones bon marché, les téléphones haut de gamme ou les téléphones de luxe ? Après avoir trouvé la réponse, investissez davantage dans les produits que vos clients cibles souhaitent.

Étape 3 Trouvez vos ressources

Quand je parle de ressources ici, je parle de fournisseurs et de financement. Quel que soit votre secteur d'activité, vous devez vous assurer que vous avez de bons fournisseurs - ceux sur lesquels vous pouvez compter. Vous devez analyser le statut de vos fournisseurs les plus importants. Dans un restaurant africain, par exemple, l'un des fournisseurs les plus importants peut être un fournisseur d'ingrédients africains. De plus, ne vous contentez pas des premiers fournisseurs que vous trouverez simplement parce que leurs prix semblent attrayants. Vous devez continuer à chercher car vous pourriez trouver des fournisseurs qui proposent des prix plus bas. Vos fournisseurs doivent être de bons fournisseurs, sans défaut de paiement et avec une bonne réputation. Prenez donc le temps de vous renseigner sur eux avant de collaborer avec eux.

La première chose que vous recherchez, ce sont les prix. Mais vous ne devez pas prendre la décision de collaborer avec un fournisseur uniquement en fonction de cela. Vous devez également vérifier les conditions de vos fournisseurs potentiels. Quelles sont les conditions de paiement ? Quelles sont les modalités d'expédition et de livraison ? Vont-ils payer pour les marchandises endommagées pendant le transport ? Ce ne sont là que quelques-unes des questions auxquelles il faut répondre. Vous devez également éviter de conclure un contrat sans avoir d'abord établi un accord avec votre fournisseur potentiel.

Parlons maintenant des sources de financement. La plupart des entreprises ont plusieurs sources de financement (argent personnel, sociétés de prêt, argent emprunté, etc.). Ce qu'il faut éviter, c'est de compter sur une seule source de financement. Vous devez disposer de plusieurs sources de financement ou, au moins, de réserves. C'est important car la plupart des entreprises connaissent des problèmes financiers de temps en temps. Le fait de disposer d'une source de financement stable vous aidera à absorber les pertes en cas de besoin.

Étape 4 Formulez un plan d'affaires

Une fois que vous avez étudié votre marché (opportunités, clientèle, fournisseurs et concurrents), vous devez réaliser une étude de faisabilité de votre projet afin d'analyser la rentabilité de votre projet. Cette étude examine les risques, le retour sur investissement, les plans de réussite, etc. Vous pouvez faire appel à un professionnel pour le faire à votre place.

Un conseil précieux que je peux vous donner à ce stade c'est d'établir une séparation claire et nette entre vos actifs personnels et votre investissement. En effet, vous ne devez pas traiter vos gains et les actifs de votre entreprise comme votre propriété personnelle que vous pouvez dépenser et utiliser à votre guise. C'est une erreur de débutant que l'on fait souvent parce qu'on n'a pas assez d'argent. Ne vous leurrez pas. Si vous agissez ainsi, votre entreprise ne grandira pas. Il s'agit d'un principe de base que vous devez suivre conformément aux lois comptables afin que votre entreprise se développe et génère plus d'argent.

Plutôt que de dépenser vos gains dans des dépenses improductives, vous devez établir un plan de réinvestissement pour utiliser vos gains comme un investissement supplémentaire. Vous devez pouvoir retirer une partie de gains de votre chiffre d'affaires que vous allez réinvestir sur une certaine périodicité afin de développer votre entreprise. Toutefois, vous pouvez choisir de ne pas réinvestir tout de suite cette partie et de l'ajouter plutôt au compte de capital de votre entreprise afin d'améliorer sa valeur actionnariale par exemple. Oui, cela peut signifier des montants de retrait plus faibles pour vous, mais vous aidera à bien développer votre entreprise.

Pour y arriver, vous devez faire un arbitrage entre vos désirs personnels et votre désir de voir votre entreprise se développer. Certains entrepreneurs commettent l'erreur de mener une vie de luxe simplement parce que leur entreprise a bien fonctionné pendant ses premières semaines ou ses premiers mois d'activité. Mais c'est un piège qu'il faut éviter. Vous ne savez jamais comment votre entreprise se portera dans les mois ou les années à venir, ou ce qui peut impacter le cycle économique dans les mois, voire années à venir. Tant que votre entreprise est encore récente, il est préférable de réduire vos dépenses personnelles et de vous concentrer d'abord sur l'augmentation du capital de l'entreprise ou des investissements. Vous devez donc garder à l'esprit que votre investissement peut encore aller plus loin.

Certains entrepreneurs commettent également l'erreur de se contenter d'être passifs et de ne pas réinvestir. Ils ne dépensent certes pas, mais ils se contentent de gagner de l’argent. Cela peut vous procurer un revenu stable, mais si vous voulez gagner plus à l'avenir, vous devez toujours avoir à l'esprit la croissance de votre entreprise.

Enfin, évitez de trop vous endetter sans prévoir un effet de levier puissant pour vos dettes. Bien sûr que vous pouvez commencer votre entreprise avec un emprunt. Mais emprunter de l’argent ne devrait pas devenir une habitude pour vous surtout si vous n’arrivez pas à rentabiliser ce que vous empruntez. Sachez que les prêts sont assortis de taux d'intérêt élevés. Il se peut que vous ne puissiez pas assumer plusieurs prêts à des taux d'intérêt élevés et que vous vous noyez dans une spirale négative sans fin. Le but est de s'enrichir et pas de s'endetter.

Vous devez également dans cette étude de faisabilité, intégrer les points organisationnels (ressources humaines, planification des tâches, ...). Un plan d'organisation est crucial si votre entreprise est composée de nombreux employés (une vingtaine environ). Avec un organigramme clairement défini, les employés sauront qui suivre, qui est responsable et à qui ils doivent obéir. C'est important pour que le flux de commandement soit harmonieux et que les confusions soient évitées. En planifiant clairement le flux des tâches, tout se passera plus facilement.

Assurez-vous que les descriptions de poste soient claires et détaillées. Des confusions peuvent avoir lieu si les employés ne sont pas pleinement conscients de leur description de poste. Ils peuvent commencer à effectuer des tâches qui sont attribuées à un autre employé. Ils peuvent négliger des tâches qui sont censées être de leur ressort. Par ailleurs, ils peuvent commencer à se blâmer mutuellement et à se montrer du doigt pour savoir qui doit effectuer telle ou telle autre tâche. C'est pourquoi une description de poste claire est nécessaire.

Il est par ailleurs nécessaire de rédiger une ébauche des plans futurs. Cela vous donnera une sorte de guide pour que vous ayez une idée de la voie à suivre. Il peut s'agir de plans d'expansion, d'investissements supplémentaires, de succursales, etc.

Étape 5 Effectuez des recherches sur vos concurrents

Il s'agit de l'une des étapes de cette stratégie les plus fondamentales utilisées par tous les établissements commerciaux lorsqu'il s'agit de gagner la compétition - ils mènent une étude sur leurs concurrents. Cela peut inclure des visites réelles chez le concurrent et l'observation des prix et des plans promotionnels, entre autres. Cela vous permet d'observer les stratégies de marketing de vos concurrents non pas forcément pour les imiter mais pour s'en inspirer et apporter votre touche personnelle. Vous prendrez le temps d'analyser leurs promotions, les offres de réduction, les offres gratuites, les méthodes de publicité, etc. Vous pourrez vous en servir afin de proposer quelque chose de différent, quelque chose de meilleur que vos clients préfèreront naturellement. Cela peut concerner n'importe quoi. Dans un spa, par exemple, vous pouvez inclure des bougies parfumées dans le service alors que votre concurrent ne le fait pas.

Pensez également à la qualité en plus du prix. Parfois, vous trouverez des concurrents qui proposent des prix tellement bas que vous ne pouvez même pas les concurrencer. Et vous n'avez aucune idée de la façon dont ils y sont parvenus. Alors comment faire mieux qu'eux et satisfaire votre clientèle ? Si vous ne parvenez pas à vous imposer par le prix, vous pouvez le faire par la qualité et le service. Il suffit d'améliorer votre service et de faire en sorte que la qualité de vos produits soit irréprochable.

Pour finir, alignez-vous sur les temps de promotions de vos concurrents. Pour cela vous devez toujours organiser des veilles concurrentielles pour analyser l'évolution promotionnelle de vos concurrents. Lorsque vos concurrents organisent une vente à prix réduit, beaucoup de gens, y compris certains de vos clients fidèles, peuvent aller acheter chez eux. Anticipez donc cela et alignez-vous pour ne pas perdre vos clients.

Stratégie 4

Élaborez un plan marketing pour attirer vos clients

La publicité peut être coûteuse. C'est pourquoi vous devez vous concentrer sur vos clients cibles. Vous pourrez ainsi économiser sur le coût de la publicité en vous concentrant uniquement sur vos clients cibles. Par exemple, il n'est plus nécessaire d'étendre votre publicité au public masculin si vos produits sont destinés aux femmes. Vous devez donc sur Instagram par exemple bien choisir votre audience cible. Si vous vendez en Europe, vous perdrez de l'argent si vous ciblez les résidents américains. Une bonne publicité attire l'attention des clients cibles.

Alors comment faire pour que votre publicité attire vos clients cibles ?

Tout d'abord, vous devez connaître leurs goûts et les tendances qu'ils suivent. Utilisez ces connaissances pour rendre votre publicité attrayante pour votre groupe cible. C'est important de connaître les goûts et tendances de vos clients, mais aussi de savoir quels médias ils utilisent souvent afin d'y aller les atteindre. Est-ce la télévision ? La radio ? Facebook ? Tik Tok ? Instagram ? Lorsque vous élaborez un plan publicitaire, vous devez savoir comment vos clients cibles sont exposés aux différents médias. Si vous avez analysé que vos clients cibles sont plus exposés à Tik Tok par exemple, alors vous devriez investir davantage dans la publicité sur Tik Tok. Par ailleurs, la culture affecte grandement les goûts des gens. Vous devez donc tenir compte de la culture de vos clients cibles lorsque vous élaborez un plan publicitaire. Si vous proposez des services/produits à des clients étrangers, vous devrez effectuer des recherches approfondies sur leur culture.

Pensez en outre à élaborer des plans promotionnels. La promotion est différente de la publicité. Vous pouvez utiliser les deux à votre avantage. La promotion est une stratégie utilisée par les entreprises pour augmenter les ventes pendant des périodes cibles : vacances, jours fériés, sortie d'un nouveau produit, etc.

Voici quelques moyens de promotion que vous pourrez utiliser :

- Les ventes incitatives : par exemple proposer deux produits pour le prix d'un, un produit en plus d'un autre (deux ordinateurs ou un ordinateur et une imprimante).

- Les ventes croisées : la vente croisée est presque de la même nature que la vente incitative. Mais dans la vente croisée, vous proposez un produit supplémentaire qui n'est pas lié au produit principal. Vous pouvez augmenter vos ventes en faisant de la vente croisée. Par exemple, vous pourrez proposer un téléphone et une gourde pour sportifs.

- Les offres gratuites : cela peut paraître bizarre, mais les clients aiment qu'on leur offre des choses gratuitement. En offrant des cadeaux, vous pouvez effectivement inviter plus de clients. C'est la technique utilisée par plusieurs marques dans la cosmétique et cela fonctionne très bien. C'est aussi un moyen d'attirer de nouveaux clients et de leur faire essayer vos produits/services. Bien entendu, vous ne devez le faire qu'une fois de temps en temps.

- Les rabais et remises : ne vous contentez pas de proposer des réductions quand vous en avez envie. Le choix du moment est crucial. Par exemple, il est préférable d'offrir des réductions pendant les jours de paie et les vacances, lorsque les gens ont de l'argent à dépenser. Il est également bon d'offrir des réductions pendant les vacances scolaires. Vous pourrez également offrir des remises sur panier abandonné afin d'inciter vos clients à passer des commandes qu'ils hésitaient à valider. Pour cela, vous pouvez utiliser un logiciel de récupération de commandes automatiquement configuré pour proposer des réductions aux clients ayant mis des produits dans leur panier mais n'ayant pas validé leur commande.

- Les jeux concours : sur vos réseaux, ils vous permettent de gagner en visibilité et d'attirer de nouveaux clients. N'hésitez pas à proposer à votre audience de participer à un jeu concours avec tirage au sort qu'ils partageront à leurs proches afin d'être tirés au sort. L'expérience montre que pendant les périodes de jeux concours, on génère beaucoup de commandes.

Axe de travail

Réfléchissez aux moyens marketing que vous allez mettre en place parmi ceux cités plus haut et travaillez à leur mise en place. Gardez et améliorez ceux qui fonctionnent.

3-en-1 stratégies gagnantes sur internet

Avez-vous entendu parler du référencement ?

Le référencement fait référence à l'optimisation des moteurs de recherche. Si vous avez un site web pour votre entreprise, il sera plus visible pour les utilisateurs si vous utilisez des techniques de référencement. Grâce à l'optimisation pour les moteurs de recherche, votre site Web et vos pages Web auront plus de chances d'apparaître parmi les 10, voire les 5 premiers résultats de recherche de Google lorsqu'une personne recherchera un mot clé correspondant. Bien évidemment, je vous conseille de confier la tâche de référencer votre site par des professionnels du marketing digital. Si vous voulez optimiser votre site Web, il est préférable d'engager un professionnel du référencement pour le faire à votre place. Prévoyez donc un budget communication et référencement conséquent afin d'en tirer meilleur profit.

On remet une couche sur les réseaux sociaux

Tirez profit des réseaux sociaux et développez-vous sur ceux où vos clients se trouvent. Facebook est utilisé par des millions de personnes dans le monde. En utilisant Facebook pour faire la publicité de vos produits et/ou services, vous serez en mesure de toucher un grand nombre de personnes. Vous pouvez choisir entre une publicité payante et une publicité gratuite. Bien entendu, la version payante est plus efficace. Vous pourrez également travailler avec des experts en communication qui vous aideront à toucher plus de monde sur Instagram, Snapchat, Twitter, Tik Tok, etc. N'oubliez pas, vous devez aller chercher les clients là où ils se trouvent. Ces réseaux permettent à leurs utilisateurs de diffuser des messages à des milliers de fans ou followers en un instant. Cela en fait des outils publicitaires très puissants.

Ne négligez pas l'e-mailing

Enfin, pensez à la stratégie d'e-mailing. Elle peut paraître pénible mais elle porte vraiment ses fruits. A quoi consiste-t-elle ? A envoyer des offres et des mises à jour à vos anciens clients par courrier électronique ou même à de nouveaux. Vous pouvez utiliser un logiciel d'e-mailing sur votre site internet afin de récupérer les adresses électroniques de toutes les personnes qui commandent sur votre site internet afin de leur envoyer des bulletins d'information de temps en temps. Vous pourrez également réaliser des ventes de suivi en proposant à vos anciens clients de nouveaux produits et/ou services par courrier électronique. Vous pouvez également informer vos clients de vos nouvelles promotions en leur envoyant des notifications par courrier électronique.

Axe de travail

Travaillez soit un calendrier de publication de 30 jours sur les réseaux sociaux, soit une trame d'e-mailing pour vendre vos offres. Si vous en avez les moyens, faites appel à des experts afin de mettre en place cette stratégie 3-en-1.

Stratégie 5

Entourez-vous de collaborateurs compétents et passionnés

Vous devez travailler avec des personnes qui sont aussi bien passionnées par votre domaine d'activité que vous. Comment le savoir ? Lorsque vous les embaucher, vous pouvez évaluer leur niveau d'intérêt par rapport aux produits ou services que vous proposez. Si vous vous lancez dans la téléphonie par exemple, il est préférable de travailler avec des personnes qui sont passionnées de téléphones. Pour aller plus loin, il est préférable de placer vos collaborateurs dans des départements qui les passionnent ou où ils sont experts. Par exemple, il est préférable de confier la gestion des sites internet ou de la veille informationnelle à des personnes passionnées et expertes dans l'informatique. Toutefois, si les personnes sont passionnées mais non expertes, vous devez prévoir de les former à long terme afin de les rendre encore plus opérationnelles.

Si les ressources humaines ne sont pas votre corps de métier, pensez à engager des experts dans le domaine afin de faire la sélection des candidats pour vous. Oui cela est un investissement coûteux, mais en vaut la peine. Il est vrai que vous ne pouvez jamais vraiment savoir comment un employé va se comporter à long terme. Mais vous pouvez en avoir une bonne idée lors de la sélection des candidats, et surtout une bonne sélection, faite par des experts. Ils vous aideront à choisir les futurs employés qui incarneront votre vision, votre mission et l'objectif (le main goal) de votre entreprise. Vous devez donc effectuer un travail en amont avec vos experts en recrutement afin de leur faire part de vos attentes réelles, celles qui vont vous permettre de réussir votre entreprise et de ne pas échouer.

Pour finir, vous vous devez de déléguer la surveillance des activités à des directeurs, superviseurs, chefs de section compétents. Dans mes cours de Sciences de Gestion, on apprend que les fonctions du leader sont de diriger, planifier, organiser et contrôler. Nous avons vu plus haut qu'il était important d'établir une hiérarchie claire et bien expliquée (diriger), qu'il est important de planifier et organiser les différentes équipes en vous alliant à des collaborateurs compétents et passionnés. Pour que cela soit complet, il faut mettre en place un système de surveillance et de motivation qui permet à votre entreprise de ne pas faire fausse route, d'améliorer et de continuer dans le même sens quand les résultats sont bons ou encore de réajuster quand on sent qu'on peut rectifier et qu'on doit rectifier le tir. Vous devez donc travailler avec des personnes hautement qualifiées qui seront vos yeux, vos oreilles et vos bouches afin de bien gérer votre activité.

Revenons-en à la motivation de votre équipe. Il est important de motiver votre équipe d'experts et de passionnés afin qu'elle se sente à l'aise et performante. La motivation des ressources humaines est un point crucial pour la performance globale de toute entreprise qui veut être pérenne.

Comment motiver votre équipe d'experts et de passionnés ?

Premièrement, votre équipe sera plus motivée si elle sait qu'elle recevra les avantages auxquels elle a droit. Lorsqu'un employeur ne fournit pas tous ces avantages légaux, ses employés commenceront à perdre confiance dans l'entreprise et à ne plus être motivés pour travailler dur. Les avantages comprennent les contributions aux régimes de soins de santé et de retraite. Ils comprennent également les primes, les 13èmes mois de salaire, les primes et les commissions, entre autres. Voilà pourquoi vous devez travailler avec des experts des ressources humaines afin de pouvoir mettre tous ces avantages en place et fidéliser votre équipe.

Ensuite, vous devez correctement rémunérer vos collaborateurs et le faire à temps. Regardons les choses en face. Les employés travaillent avant tout pour gagner de l'argent. Et lorsque ce facteur de motivation fondamental n'est pas fourni correctement, les employés commencent à perdre confiance en leur employeur. Payer le bon montant n'est pas le seul facteur. Vous devez également payer à temps. Vous avez prévu dans le contrat de rémunérer vos employés le 5 du mois ? Vos virements doivent être programmés de sorte que vos salariés reçoivent leurs salaires au plus tard le 5 du mois. C'est un gage de fidélité pour vos employés.

Par ailleurs, vous devez être un exemple, un modèle à suivre pour motiver vos troupes. Vous ne pouvez pas attendre de vos employés qu'ils soient performants s'ils ne vous voient pas faire de même. Pour motiver vos employés, vous devez être un modèle pour eux. Si vous voulez qu'ils arrivent à l'heure, vous devez être ponctuel. Si vous voulez qu'ils travaillent dur, vous devrez également travailler dur. Les personnes qui vous suivent se sentent plus fortes lorsqu'elles sentent que vous êtes fiable, digne de confiance, honnête et compétent.

Enfin, mettez en place des programmes pour motiver et rapprocher vos collaborateurs. Les programmes de motivation peuvent consister à récompenser les meilleurs employés, à donner des commissions supplémentaires aux personnes performantes, etc. Lorsqu'il y a un objectif à atteindre, les employés sont généralement plus performants. D'autre part, les séances de consolidation d'équipe permettent aux employés et à leurs supérieurs de créer des liens, de partager des idées et de s'amuser. Les relations inter-entreprises s'en trouvent renforcées. En outre, les sessions de consolidation d'équipe aident les employés à sentir qu'ils font partie d'une famille. Il est très nécessaire de développer le sentiment d'appartenance chez vos collaborateurs. Enfin, cela vous donne à vous, leur employeur, l'occasion de leur redonner les objectifs de l'entreprise.

Axe de travail

Réfléchissez aux moyens que vous allez mettre en place pour motiver votre équipe (sorties, repas, réunions de boost, cellules de psychologie, crèche interne, etc.) et développer chez elle le sentiment d'appartenance.

Stratégie 6

Dites non à la multitude de dettes

Nous en avons déjà parlé plus haut dans la stratégie 3, mais je trouve important et utile de revenir à ce point portant sur les dettes et de mettre un plan stratégique de dettes pour éviter le pire des scénarios à votre entreprise. Pour cela, évitez premièrement de rembourser vos dettes avec de nouvelles dettes. Les dettes sont assorties de taux d'intérêt. En payant une dette avec une autre dette, vous supporterez des taux d'intérêt plus élevés. C'est pourquoi il n'est pas conseillé de payer une dette avec une autre dette. Vous ne ferez qu'augmenter les intérêts débiteurs de votre entreprise. Si vous payez une dette avec une autre dette, assurez-vous que votre entreprise peut supporter le taux d'intérêt supplémentaire.

Deuxièmement, évitez d'avoir des dettes multiples. Pour tenter de réunir davantage de fonds, certains entrepreneurs commettent l'erreur de contracter trop de dettes. Cela peut parfois être possible, surtout si l'entreprise est très rentable et que les risques sont faibles. Mais pour une entreprise en démarrage, l'endettement doit être maintenu au minimum afin de vous éviter de vous noyer dans le cercle vicieux des remboursements sans fin.

Toutefois, si vous vous tournez vers les emprunts pour financer votre activité, recherchez des prêts assortis de bonnes conditions (taux d'intérêt, durée de remboursement, agios en cas d'échéance non prélevée, etc.). Les conditions liées aux emprunts ne sont pas toujours les mêmes d'un fournisseur de prêts à l'autre. C'est pourquoi il est conseillé de vérifier les conditions de différents fournisseurs de prêts et de choisir celui qui offre un ensemble de conditions intéressantes (par exemple, un taux d'intérêt bas, des périodes de paiement plus longues, moins de pénalités en cas d’échec de paiement, etc.)

Comment bien rembourser vos dettes ?

Établissez un plan de remboursement optimal. Certains jeunes entrepreneurs ne pensent qu'au montant de l'investissement qu'ils pourront obtenir grâce aux prêts. C'est une erreur. Avant d'obtenir un prêt, vous devez d'abord prévoir comment vous allez rembourser la dette. Vous devez vous demander : où vais-je trouver les fonds pour rembourser la dette ? Quand serai-je en mesure de rembourser ? Serai-je en mesure de rembourser avant le délai fixé ?

Pour le remboursement de vos dettes, vous pouvez utiliser les comptes débiteurs. Les dettes ne doivent pas toujours être payées en espèces. Certains fournisseurs de prêts sont en effet disposés à vous accorder une aide financière en échange de vos créances clients. De cette façon, vos créances seront transférées à votre fournisseur de prêts et c'est lui qui sera chargé de recouvrer le paiement. Vous devez également rembourser immédiatement les dettes avec des intérêts courus. Les dettes ont normalement un taux d'intérêt croissant. Cela signifie que les intérêts à payer continueront à s'accumuler tant que la dette n'est pas remboursée. Pour ces dettes, il n'est pas bon de les laisser impayées pendant de longues périodes. Si vous envisagez d'obtenir un prêt avec un taux d'intérêt croissant, assurez-vous de rembourser la dette avant la date limite.

Enfin, établissez un fonds de prévoyance pour absorber les

dettes. De nombreuses entreprises font faillite à cause d'une mauvaise gestion des comptes de dettes. Une façon d'éviter que cela ne se produise est de disposer d'un fonds de prévoyance pour absorber les pertes dues aux dettes.

Axe de travail

Réalisez un état des lieux de vos finances d'entreprise. Comment sont-elles organisées ? Avez-vous eu recours à l'endettement ? Si oui, comment vous-en sortez-vous? Réfléchissez à toutes ces questions et s'il le faut, mettez de l'ordre dans vos finances. Votre entreprise et vos collaborateurs vous diront merci.

Stratégie 7

Formez-vous continuellement dans les affaires

Cette stratégie fait l'unanimité chez les entrepreneurs à succès : la formation continuelle. Plus on en apprend sur un domaine, plus on a l'impression de ne rien savoir et plus on a envie d'apprendre et on s'améliore continuellement. Vous devez continuellement vous former pour rester au top des dernières technologies et ne rien rater. Pour cela, vous n'êtes pas obligé d'obtenir un diplôme. Il vous suffit par exemple de suivre des cours de commerce de courte durée, qui peuvent ne comprendre que quelques unités. Ce que vous recherchez, ce n'est pas le diplôme mais les connaissances. Cela vous donnera un avantage.

Vous vous lancez en auto-entrepreneur, pourquoi ne pas apprendre les bases de la comptabilité ? La comptabilité constitue une part importante de la gestion d'une entreprise. Si vous avez ne serait-ce que des connaissances de base en comptabilité, vous aurez une meilleure idée des flux financiers de votre entreprise. Vous pourrez également vous inscrire à des cours de droit de courte durée. En effet, dans la conduite des affaires, vous serez également confronté à des questions juridiques. Vous établirez des contrats, vous conclurez des affaires et vous respecterez également les lois relatives aux affaires, comme le paiement des impôts. C'est pourquoi il est important que vous acquériez des connaissances en droit des affaires.

Une alternative pour vous former, serait de lire des livres d'affaires disponibles localement dans les librairies ou sur internet. Cela vous sera également d'une grande aide. Restez à jour sur les actualités liées aux affaires car c'est particulièrement important, surtout si vous travaillez dans un secteur où les tendances évoluent très rapidement.

Vous devez rester à jour afin de pouvoir réagir en conséquence aux changements.

Par ailleurs, vous devez apprendre à prédire les mouvements de l'économie. Les entrepreneurs à succès survivent aux chutes de l'économie parce qu'ils les ont prévues à l'avance. Ils sont également capables de tirer parti des situations favorables parce qu'ils les ont prédites. N'hésitez pas à vous entourer d'entrepreneurs expérimentés et à leur demander conseil. De nombreuses choses dans le monde des affaires ne peuvent être enseignées dans une salle de classe. Certaines choses s'apprennent par l'expérience et vous pouvez les apprendre par l'expérience des personnes déjà passées par-là, ça vous évitera de les expérimenter vous-mêmes. Faites donc un état des lieux de vos savoirs et de vos savoir-faire et mettez-les toujours à jour afin de vous adapter aux changements qui peuvent survenir. Enfin, formez-vous là où vous n'avez pas assez de connaissances afin d'affermir votre entreprise.

Axe de travail

Quelle(s) formation (s) êtes-vous décidé(e) à suivre ? Quels livres vous engagez-vous à lire afin de développer votre culture entrepreneuriale et managériale ?

Stratégie 8

Travaillez à avoir et protéger une bonne image de marque de votre entreprise

Quand vous vous lancez, vous rencontrerez peut-être des difficultés à vous faire connaître, à faire connaître vos produits ou encore à financer votre entreprise. N'hésitez pas à vous rendre auprès des chambres de commerce qui sont là pour aider les entreprises nouvelles et anciennes. Les communes organisent souvent des programmes d'aide sociale et financière. Il peut s'agir de programmes de sensibilisation à la santé, de programmes de financements, de programmes d'emploi supplémentaires, etc. Si vous le pouvez, il est conseillé de participer ou de prendre part à de tels programmes. Cela améliorera l'image publique de votre entreprise et vous permettra d'être accompagné par des experts.

Dans les jours de lancement de votre activité, évitez d'être au cœur des polémiques controversées. Vous serez en train de construire votre image de marque, il faudra donc éviter de la ternir. Comment faire ? Vous devez éviter de formuler des commentaires sur des sujets controversés par le biais de vos réseaux sociaux. Soyez irréprochables et faites en sorte de protéger votre e-réputation. Cela passe également par le respect des délais de livraison, la qualité du service client ainsi que la qualité de vos produits et du service après-vente. Encouragez vos clients à vous laisser des avis positifs sur les réseaux, en leur proposant un service de qualité et évitez que ceux-ci soient mécontents et ne ternissent votre image sur les réseaux sociaux.

Vous devez également avoir une excellente marque employeur et bien traiter vos employés. Ceux-ci ont des droits qui sont protégés par la loi. En tant qu'employeur, il existe certains droits que vous êtes censé protéger. Il est préférable que vous ne négligiez pas cet aspect. Votre image publique ne sera pas bonne si vos employés se plaignent de violations des droits de l'homme et de mauvaises conditions de travail. Vous devez donc être attentifs et leur offrir les meilleures conditions de travail qui soient afin qu'ils soient motivés et parlent positivement de vous.

Par ailleurs, soyez attentif à la protection de l'environnement. Vous devez traiter vos déchets de manière appropriée. Vous ne devez en aucun cas polluer l'environnement. Si votre entreprise doit polluer, vous devez trouver un emplacement approprié. Notez qu'en causant des problèmes à l'environnement, votre entreprise aura une très mauvaise image aux yeux du public.

Enfin, faites des dons de temps en temps, dans la mesure du possible. N'hésitez pas à vous mobiliser pour la cause des défavorisés, bien évidemment dans la bienveillance et la sincérité. Cela vous reviendra en bien.

Axe de travail

Qu'avez-vous mis en place pour respecter l'environnement ?
Comment pensez-vous créer la proximité avec vos clients afin de développer une excellente e-réputation ?
Que pensent vos collaborateurs de vous ?

Stratégie 9

Soyez irréprochables aux yeux de la loi

Les exigences juridiques applicables aux entreprises diffèrent d'un endroit à l'autre. Assurez-vous de bien connaître les exigences commerciales de votre région pour éviter les problèmes juridiques. Vous devez le faire avant de commencer quoi que ce soit.
Soyez en règle en réglant les taxes que vous devez verser à l'État. Cela vous permettra d'être organisé et sérieux dans la gestion de vos finances et de ne pas faire l'objet de sanctions. En effet, le gouvernement dispose d'agents qui contrôlent régulièrement les activités des entreprises en matière de paiement des impôts. Cela est particulièrement vrai pour les grandes entreprises. Il est donc conseillé d'éviter toute tactique d'évasion fiscale. Si vous êtes incité à le faire, l'image de votre entreprise en pâtira et vous risquez de devoir faire face à des conséquences juridiques.

Par ailleurs, soyez en règle envers vos salariés, versez-leur le salaire qui leur est dû. Les salariés d'aujourd'hui portent beaucoup d'importance à leur salaire. Contrairement au passé, ils sont désormais assez agressifs lorsqu'il s'agit de protéger leurs droits. Payez le montant correct et faites-le à temps pour que vos employés restent heureux et motivés.

En outre, si vous avez des locaux professionnels, respectez les exigences en matière de construction et de sécurité. Celles-ci sont imposées aux entreprises par les autorités locales. La sécurité incendie est commune à toutes les entreprises. La sécurité alimentaire et l'assainissement, en revanche, sont fortement imposées aux entreprises qui traitent des produits alimentaires. Respectez toutes ces exigences pour éviter les problèmes juridiques.

Stratégie 10

Collaborez avec d'autres entreprises et ouvrez votre capital à des investisseurs expérimentés

En collaborant avec d'autres personnes (prestataires ou investisseurs) ou entreprises, vous pouvez élargir considérablement votre champ d'action, gagner du temps et augmenter vos revenus ! Vous trouverez ci-dessous trois façons courantes de créer des relations mutuellement bénéfiques.

Les partenaires de référence

Les partenaires de référence sont d'autres entreprises qui ont déjà accès à vos clients cibles. Identifiez les types d'entreprises ou de services que vos clients idéaux utiliseraient. Ces entreprises sont d'excellents endroits pour rencontrer vos clients (en y allant ou en y participant), mais parfois vous pouvez aussi conclure un accord avec l'entreprise pour collaborer d'une certaine manière. Vous pouvez peut-être faire la promotion des produits ou services complémentaires de l'autre, échanger des liens de site Web ou même faire directement référence à l'autre.

Les coentreprises

Les coentreprises sont des accords plus avancés que vous concluez avec des partenaires de référence. Dans le cadre d'une coentreprise, les deux parties acceptent de travailler ensemble à un titre quelconque pour un bénéfice mutuel. Il peut s'agir d'un véritable partenariat commercial ou d'un événement ponctuel. Certaines personnes organisent conjointement un atelier en personne ou un webinaire en ligne, chacun invitant sa propre "liste". D'autres créent un programme qu'ils proposent ensemble. Les possibilités sont infinies pour s'associer à une autre personne ou entreprise de manière significative et rentable.

Réfléchissez aux types de produits ou de services dont vos clients auraient besoin au-delà de ce que vous offrez. Les entreprises qui proposent ces produits et services sont d'excellents partenaires potentiels de coentreprise.

Les affiliés

Les affiliés sont des personnes qui commercialisent et vendent activement les produits et services d'autres personnes. Cela peut très bien fonctionner si votre entreprise offre quelque chose en ligne qui ne nécessite pas votre participation directe. Il existe des sociétés et des sites Web qui vous offrent une plateforme permettant de mettre vos programmes à la disposition des affiliés qui peuvent choisir de vendre votre produit à votre place. Oui, pour vous. Affilae est un exemple célèbre, mais il en existe beaucoup d'autres. L'avantage de travailler avec des affiliés, c'est que vous n'êtes plus le seul à commercialiser vos produits et services : d'autres le font pour vous.

Par exemple, si vous avez un produit qui vous rapporte 20 € et que vous devez en vendre 100 par semaine pour atteindre votre objectif, vous avez la possibilité de les vendre vous-même. Cependant, si vous avez 10 affiliés qui peuvent promouvoir votre produit pour vous (ou dans le cas d'un produit physique, vous pouvez le faire distribuer par des magasins), s'ils peuvent chacun vendre 10 de vos produits par semaine, vous pouvez passer votre temps à créer de nouveaux produits/services et à faire ce que vous aimez au lieu de passer votre temps à vendre. Ou bien, vous pouvez vendre aussi, auquel cas vous en vendez 100, ils en vendent 100 et vous gagnez 4000 € au lieu de 2000€.

Enfin ouvrez votre capital à des business Angels qui apprécient votre domaine de compétences et qui pourront lever des fonds pour vous et vous prêter main forte dans leur domaine d'expertise. Cela vous permet non seulement d'élargir votre champ d'action, pourquoi pas de devenir une start-up à succès mais également de bénéficier de l'expertise de ces investisseurs expérimentés.

Ne craignez pas d'élargir votre entreprise : le but est que vous fassiez du profit et que vous vous pérennisez.

Axe de travail

Quel type de partenariat déciderez-vous de mettre en place afin de développer votre entreprise ? Cherchez des partenaires en ce sens.

Conclusion

Voilà, c'est déjà la fin, j'espère que vous avez appris beaucoup de choses et surtout que vous mettrez en pratique ces 10 précieuses stratégies qui font la différence entre ceux qui réussissent leur entreprise et ceux qui échouent.

J'espère que ce livre vous a permis d'acquérir les compétences, les connaissances, les techniques et les stratégies qui vous aideront à réussir dans l'entrepreneuriat.

N'hésitez pas à revoir ces stratégies au fur et à mesure que vous avancez dans cette merveilleuse aventure qu'est l'entrepreneuriat.

Un discours pour la fin ?

Soyez un chasseur d'opportunités et de ressources, résilient, motivé qui sait utiliser les stratégies marketing pour attirer le plus de clients, très à l'aise dans la gestion des finances de votre entreprise, qui a toujours soif d'apprendre continuellement, respecte les lois et sait préserver son image de marque et collaborer pour faire grandir son entreprise. Vous avez là l'arme la plus dangereuse qui vous permettra de réussir votre entreprise. Utilisez-là ! Vous n'avez plus d'excuses, Vous êtes condamné à réussir !

Bonus : quel statut juridique choisir ?

Les types d'entreprises en France

Vous avez d'un côté les entreprises individuelles du type micro-entreprises /EIRL et les sociétés de l'autre : SARL/SAS (SASU)/SA/SNC, ...

Quel type choisir ?

Si vous vous lancez seul et sans expérience préalable, nous vous conseillons fortement de créer une **micro-entreprise** :

- Pas de frais de création
- Franchise de TVA de 85800€
- Plafond de 176200€ de chiffre d'affaires avant de créer une société
- Fiscalité simplifiée et plutôt avantageuse

Si vous vous lancez seul et avez déjà de l'expérience en entrepreneuriat, le choix dépend de plusieurs critères et de la structure que vous possédez déjà :

- Changement de type d'activité ?
- Vous possédez déjà une entreprise ? Une micro-entreprise ?
- Nous vous invitons dans ce cas à vous rapprocher de votre expert-comptable actuel afin de trouver la meilleure solution.

Si vous souhaitez vous lancer avec un associé, vous avez plusieurs solutions :

- Créer chacun votre micro-entreprise et exploiter la boutique l'un après l'autre
- L'un crée une micro-entreprise de service et facture des prestations à celui qui possède une micro-entreprise d'achat-revente de marchandises
- Créer une SAS / SARL directement

Si vous avez une expérience préalable en entrepreneuriat, créer directement une SAS peut être une solution.
Si ce n'est pas le cas, nous vous conseillons de créer chacun votre micro-entreprise et de vous répartir les bénéfices entre vous

En résumé

- Nous vous conseillons fortement de créer votre micro-entreprise si vous êtes débutant
- Nous conseillons de créer une société si vous dépassez le plafond de 176'200€ la première année ou une fois que vous avez dépassé les 300'000€ de chiffre d'affaires, et que vous avez de l'expérience.

La Micro-Entreprise

- Permet d'être reconnu par l'État, vos clients et vos fournisseurs
- Pouvoir encaisser légalement de l'argent et vous le reverser
- Faible coût de création et permet de faire la transition entre votre travail ou vos études

actuelles et votre première activité entrepreneuriale
- En cas de doutes, vous pouvez appeler la CCI de votre région

Fonctionnement de la micro-entreprise

- Il s'agit d'une entreprise liée à vous-même et qui porte votre nom.
- A la différence d'une société, elle n'a pas une personne à part entière au sens juridique.
- Le chiffre d'affaires que vous pouvez générer sous ce statut est plafonné et dépend de votre activité.
- Vous pouvez exploiter plusieurs boutiques sous le même statut.

Les plafonds de la micro-entreprise

Plafond de chiffre d'affaires:
- Prestations de services: 72 600 € HT
- Activités commerciales: 176 200 € HT
- Dans le cas du E-Commerce, vous pourrez donc générer au maximum 176'200€ par an via ce statut.

Plafond de TVA:
- 85'800€
- Au-delà de ce plafond vous devrez collecter et reverser la TVA. Vous aurez aussi la possibilité de la récupérer sur vos achats.

Que se passe-t'il en cas de dépassement des plafonds

Plafond de chiffre d'affaires:

- Vous pouvez dépasser le plafond deux années de suite avant d'être forcé de passer en société
- Attention, si vous générez d'énormes montants rapidement (environ plus de 300'000€ en une année), nous vous invitons à passer en société et à vous rapprocher d'un expert.

Plafond de TVA

- Seuil de base de 85'800€ - Seuil majoré de 94'300€
- Si vous dépassez le seuil majoré, vous passez directement au régime réel de TVA
- Si vous vous situez entre les deux seuils pendant 2 ans, vous passerez automatiquement au régime réel.

La TVA

Si vous êtes en-dessous du plafond de TVA (85'800€ par an):

- Vous bénéficiez du dispositif de "franchise de base de TVA"
- Globalement, vous n'avez rien à faire: pas de TVA à collecter ou à récupérer
- Vous devez simplement indiquer sur vos factures "TVA non applicable, art. 293 B du CGI"

Si vous êtes au-dessus du plafond:

- Nous vous conseillons de prendre rendez-vous avec un expert-comptable qui se chargera de ces éléments pour vous. Je vous propose deux sites où

vous trouverez facilement un expert comptable rapidement disponible: https://wity.fr/ et https://www.legalstart.fr/ rubrique comptastart.
- Vous devrez collecter et reverser de la TVA comme n'importe quelle autre entreprise française

Récupérer de la TVA

Vous pouvez récupérer de la TVA sur les dépenses suivantes:
- Les abonnements (internet, téléphone fixe et mobile, etc...)
- L'achat et l'entretien de matériel (fournitures de bureau, matériel informatique...)
- Frais de repas
- Certains frais de transport

Par exemple, si vous achetez un MacBook à 1500€ pour votre entreprise et que vous avez dépassé le plafond de TVA, vous pourrez récupérer environ 300€ sur cet achat.

La loi et l'application de celle-ci

Les éléments vus précédemment sont issus des lois actuelles (2021). Vous devez les respecter à la lettre si vous voulez être à 100% dans les règles. Cependant, il est en pratique difficile d'être à 100% dans les règles. Parfois, les règles sont trop contraignantes ou trop compliquées pour être appliquées, par exemple, vous aurez comme client sur votre boutique dédiée au marché français un client venant du Mexique, de Chine ou des USA. Devez-vous respecter également à la lettre les règles de ces pays? NON!

Vous devez respecter les lois, vous lancez un business et cela a des implications. C'est important. Cependant le plus important est de montrer votre bonne foi et votre envie d'agir dans les règles. En effet, si vous avez réellement essayé d'être correct, l'administration se montrera compréhensive. Si un manquement venait à être remarqué, vous devrez la plupart du temps simplement le corriger.

Les cotisations sociales

Les cotisations sociales (ou charges sociales) vous permettent de bénéficier de protections sociales (assurance vieillesse, assurance maladie/maternité, assurance invalidité décès, allocations familiales). Ces cotisations sont à payer en fonction de votre chiffre d'affaires. Le taux de base est de 12.8%. Si vous pouvez bénéficier de l'ACRE, le taux sera de 6.4% lors de votre première année.

En conclusion

Une fois les plafonds de la micro-entreprise dépassés ou après avoir généré environ 300'000€, nous vous conseillons de créer une société. Pour cela, la SAS est la structure la plus adaptée en France.

www.ingramcontent.com/pod-product-compliance
Lightning Source LLC
LaVergne TN
LVHW010458160826
845677LV00012B/2535

* 9 7 9 8 3 6 0 3 8 0 5 7 3 *